Reflexionen
zur
Faszination Leben

Michael Rindisbacher

Reflexionen
zur
Faszination Leben

Jeder hat die Möglichkeit einen Teil der
Welt zu verbessern - nämlich sich selbst

Herstellung und Verlag:
BoD - Books on Demand, Norderstedt
ISBN 978-3-7357-9121-4

Einführung

Nach meiner Kindheit in der Bergwelt von Arosa, meinen Jugend- und Ausbildungsjahren in Basel sowie meinen Berufs- und Familienjahren in der Schweiz und im Ausland habe ich Zeit und Musse das faszinierende Leben zu reflektieren.

Mein erster Gedanke war, meine Lebensgeschichte schriftlich festzuhalten. Diesen Gedanken habe ich jedoch verworfen, da eine Autobiographie meines Erachtens in einen Kontext mit den sozialen und ökonomischen Verhältnissen meiner Zeit gestellt werden sollte. Auch die dafür notwendigen Recherchearbeiten wären sehr aufwendig.

Meinem Naturell entspricht vielmehr das Philosophieren über Gott und die Welt als allgemein-menschliche Tätigkeit. Und so habe ich mich entschlossen, die Faszination Leben aus meiner Lebenserfahrung heraus zu reflektieren.

Ich frage mich, welche Rahmenbedingungen für die Entstehung von Leben massgebend sind, was das Menschsein ausmacht und was eine sinnvolle Lebensführung ermöglicht.

Weiterhin setze ich mich mit der Religion und Kirche auseinander, haben sie doch unsere abendländische Ethik, Moral und Kultur während Jahrhunderten geprägt.

Ich hinterlasse also auch so eine Autobiographie, allerdings der etwas anderen Art.

Mir ist bewusst, dass die angesprochenen Themen sehr weitläufig und anspruchsvoll sind. Aus diesem Grunde beschränke ich mich auf das absolut Wesentliche.

Da ich weder Schriftsteller noch Philosoph bin, variiere ich ein Wort des Philosophen Arthur Schopenhauer (1788-1860):

Brauche gewöhnliche Worte und sage ungewöhnliche Dinge.

Biographisches

Biographien werden durch die Kinder-, Jugend-, Ausbildungs-, Berufs- und Familienjahre geprägt sowie durch das Zeitgeschehen. Meinen Reflexionen stelle ich deshalb einen biographischen und einen geschichtlichen Abriss voraus.

Biographischer Abriss

Mein selbstbestimmtes Leben begann nach dem zweiten Weltkrieg (1939-1945). Früh begriff ich, dass man im Leben Ziele braucht und dass das Erreichen dieser Ziele nicht planbar ist. Wichtig aber ist, dass man seine Ziele nicht aus den Augen verliert und die Weichen mehrheitlich richtig stellt. Ich vertraute darauf, dass ich meine Träume mit permanenter Aus- und Weiterbildung, verbunden mit gesundem Ehrgeiz, leben kann.

Als Autodidakt und Praktiker mehrte ich mein Wissen.

Meine Berufsjahre verbrachte ich in der Assekuranz und im Gesundheitswesen. Ich spezialisierte mich auf die Bereiche Betriebswirtschaft, Informationstechnologie, Finanz- und Rechnungswesen sowie Human Resources.

Mein erster Auslandaufenthalt führte mich im Auftrag einer Schweizer Versicherungs-Gruppe für mehrere Jahre nach Frankfurt am Main in Deutschland. Dort lernte ich auch meine spätere Ehefrau kennen.

Während meines Aufenthaltes in Frankfurt am Main – zeitweise auch in Hamburg - lernte ich die Eigenheiten des deutschen Versicherungsmarktes kennen. Später baute ich im Auftrag meiner Arbeitgeberin in Frankfurt am Main eine All-Branchen Versicherungs-Gesellschaft auf.

Danach wurde ich von meiner Arbeitgeberin für mehrere Jahre zu ihrer Niederlassung nach Paris delegiert. In Paris heiratete ich meine Verlobte und in Paris wurde auch unsere erste Tochter geboren.

Nach der Rückkehr in die Schweiz liess sich unsere noch junge Familie in Basel, später in Zürich nieder, wo unsere zweite Tochter geboren wurde.

Später übersiedelte die Familie nach Köln in Deutschland, wo ich mehrere Jahre als Vorstandsmitglied einer Deutschen Versicherungs-Gruppe tätig war. Nach unserem Aufenthalt in Köln kehrten wir wiederum in die Schweiz zurück in unser neu gebautes Eigenheim.

Beruflich wechselte ich in den Gesundheitsbereich der Stadt Zürich.

Als Verwaltungsdirektor leitete ich den Stadtärztlichen Dienst – damals die grösste Organisation dieser Art in der Schweiz.

Ich war auch Mitglied der Aufsichtskommission des Zürcher Stadtspitals Triemli (vergleichbar einem Verwaltungsrat).

Diese Funktionen übte ich bis zu meiner Pensionierung aus.

Insgesamt arbeitete ich 13 Jahre in Deutschland und in Frankreich, zeitweise arbeitete ich auch in Luxemburg, Marokko, Spanien und in Tunesien.

Geschichtlicher Abriss

Meine Generation wurde durch die epochalen Ereignisse des 20. Jahrhunderts geprägt. Nach dem ersten Weltkrieg (1914-1918) verschwanden Weltreiche von der Landkarte, die monarchischen Herrschaften zerbrachen.

Die Kultur der Jahre nach dem zweiten Weltkrieg (1939-1940) ist der Kultur des beginnenden 20. Jahrhunderts verwandt – mit ihren technischen, wissenschaftlichen und wirtschaftlichen Errungenschaften, ihrer alles überragenden Unübersichtlichkeit und Beschleunigung.

Namentlich erwähne ich nur das Aufkommen des Fernsehens, der Informationstechnologie und des Internets nach dem zweiten Weltkrieg.

Kriegsbedingt erwartete man im zerstörten Europa eine lang anhaltende wirtschaftliche Stagnation. Erfreulicherweise war diese von kurzer Dauer.

Ein weiteres Merkmal war der kalte Krieg zwischen der östlichen und der westlichen Hemisphäre. Diese bipolare Weltordnung endete erst 1989 mit dem Fall der Berliner Mauer, verbunden mit dem Zusammenbruch des kommunistischen Systems in Russland und seinen Satellitenstaaten.

In Europa begann die längste Friedensperiode seiner Geschichte, mit Ausnahme von lokalen kriegerischen Auseinandersetzungen im Zusammenhang mit der Auflösung des jugoslawischen Staatenbundes.

Meine Generation musste sich in turbulenten Zeiten behaupten, was das Leben gleichzeitig spannend machte.

Faszination Leben

Das Leben ist im wahrsten Sinne des Wortes ein einmaliges Geschenk. Jeder Lebensabschnitt, wie die Jugend-, Ausbildungs-, Berufs-, Familien- und Altersjahre, haben ihre eigene Faszination. Mit unseren Talenten, mit lebenslangem Lernen und mit gesundem Ehrgeiz ergeben sich für die Verwirklichung unserer Träume schier unbegrenzte Möglichkeiten. Selbstverständlich braucht es auch ein Quentchen Glück.

Manch einer fragt sich nach dem Sinn des Lebens und meint damit die teleologische Bedeutung des Lebens im Universum an sich oder die Bedeutung des Lebens als biologische und kulturelle Evolution.

Solche Fragestellungen sind meines Erachtens müssig, da es darauf keine schlüssigen Antworten gibt. Jeder sollte einfach versuchen, seine Träume zu leben und seinem Leben Sinn zu geben.

Durch unser Streben nach Glück und Wohlstand darf das gesellschaftliche Gleichgewicht nicht aus den Fugen geraten. Aus diesem Grunde benötigen wir für die Lebensführung Verhaltensregeln, die man auch als ethisch-moralische Werte bezeichnen kann. Solche Werte können religiös begründet sein oder durch die Gesellschaft definiert werden.

Wir sollten im Leben nicht nur auf unser eigenes Wohlergehen achten sondern eben so sehr auf unsere Umwelt.

Unser Universum

Ich gehe davon aus, dass unser Heimatplanet, das Universum und unsere Existenz, einem universellen Plan folgen, den wir nur erahnen können (siehe hierzu auch meine Ausführungen zum Wesen der Zeit).

Die biblischen Schöpfungsberichte sind Mythen und Legenden und keinesfalls Berichte von tatsächlichen Ereignissen; sie sind von Menschen verfasst nach den damaligen Vorstellungen von der Entstehung der Welt. Es gibt allerdings Menschen, die wortwörtlich daran glauben, aber heute wissen wir, dass es anders gewesen sein muss.

Das Universum besteht aus vielen Galaxien und verändert sich stetig. Wir wissen, dass auch unser Sonnensystem einen Anfang und ein Ende hat. Zeit und Raum dehnen sich unendlich aus. Das Universum mit seiner sichtbaren und unsichtbaren Materie unterliegt universellen Gesetzen.

Unser Heimatplanet Erde ist Teil des Sonnensystems, welches sich am Rande der Galaxie Milchstrasse befindet.

Bereits im Mittelalter beschrieben Astronomen und Mathematiker wie Niklaus Kopernikus (1473-1543), Galileo Galilei (1564-1642) und Johannes Kepler (1571-1630) unser Sonnensystem. Im Widerspruch zum Weltbild der Kirche behauptete Galilei die Erde sei nicht geozentrisch sondern heliozentrisch. Die Kirche verschloss sich den Erkenntnissen von Galilei und bestand darauf, dass er seiner Theorie abschwört. Nur so entkam er dem Scheiterhaufen.

Aufbauend auf die Erkenntnisse von Galilei und Kepler beschrieb Isaac Newton (1643-1727) die Bewegungslehre und die Gesetze der Himmelsmechanik.

Der Physiker Albert Einstein (1879-1955) hat mit seiner Relativitätstheorie unser Verständnis von Raum und Zeit geprägt.

Zur Erklärung des Universums suchte er auch nach einer mathematischen Weltformel. Dies ist ihm nicht gelungen.

Es stellt sich die Frage, ob eine solche Formel das ganze Universum erklären kann. Viele Physiker glauben daran, doch einige sagen, eine Weltformel oder eine Theorie von allem lasse sich nicht finden.

Es obliegt der Wissenschaft, mehr Erkenntnisse über unser Universum zu erwerben. Denn Wissenschaft ist ein Prozess, der uns erlaubt, einen Schleier nach dem anderen zu lüften. Wenn ein Schleier gelüftet ist, kommt oft ein neuer zum Vorschein.

Wahrheit ist also nichts anderes als der jeweilige Stand des Wissens. Mit jedem Lüften eines Schleiers entdecken wir neue Wahrheiten.

Wahre Wissenschaft korrigiert sich also von selbst.

Ich denke, dass das Universum nicht allein mit Hilfe der Mathematik und der Physik erklärt werden kann. Es braucht auch eine philosophische Weltbeschreibung.

Aus diesem Grunde wird die Wissenschaft den Zauber des Glaubens nicht bannen können. Aber Glauben über kritisches Denken zu stellen macht keinen Sinn.

Wie wir entstanden

Die schier unglaubliche Vielfalt an Flora und Fauna entstand vor Jahrmilliarden und hat sich Dank stabiler Verhältnisse stets weiterentwickelt. Dieser Prozess hat auch uns Menschen hervorgebracht mit unserem komplexen Gehirn als Voraussetzung für das Menschsein.

Ich gehe davon aus, dass wir das Ergebnis einer Evolution sind, wie sie Charles Darwin (1809-1882) in seiner Theorie über die Entstehung und Entwicklung der lebenden Natur beschrieben hat.

Welche Kräfte hinter der Evolution stehen, werden wir wohl nie verstehen. Für mich ist die Evolution einfach ein ständiger Lernprozess.

Unser Gehirn

Unser Gehirn ist eine der wunderbarsten Entwicklungen der Natur; es ist ein Netzwerk mit hundert Milliarden Neuronen und nochmals so vielen Gliazellen, die untereinander durch Synapsen verbunden sind. Jede Neurone ist im Schnitt mit tausend anderen verbunden was hundert Billionen Synapsen erfordert.

Zur Erinnerung: 1 Billion hat 12 Nullen!

Wenn man bedenkt, dass die Neuronen und ihre Verknüpfungen untereinander nicht zufällig arrangiert sind, sondern zum Teil genetisch vorbestimmt und zum Teil als Folge des lebenslänglichen Lernprozesses sich zu einem komplexen Netzwerk verknüpft haben, so ergibt das am Ende ein Gebilde, das jedes Vorstellungsvermögen sprengt.

Um das Ganze auf einen einfachen Nenner zu bringen, wage ich einen Vergleich mit der modernen Informationstechnologie: Das Gehirn ist unsere Hardware und das Leben schreibt dazu die Software.

Durch die Komplexität unseres Gehirns unterscheiden wir uns von allen übrigen Lebewesen und es ist davon auszugehen, dass wir noch nicht am Ende unserer Entwicklung angelangt sind.

Insofern sind wir die Neandertaler von morgen.

Ich könnte mir auch vorstellen, dass unser Gehirn durch die Reproduktion unsterblich ist.

Was das Menschsein ausmacht

Als einzige Lebewesen haben wir ein uneingeschränktes Bewusstsein.

Wir werden mit unterschiedlichen geistigen und körperlichen Fähigkeiten geboren. Jeder Mensch ist deshalb speziell, eine Besonderheit und Einmaligkeit. Doch allein das bewusste Denken und Handeln macht uns unter allem Leben speziell.

Und - nur durch die naturgegebenen Unterschiede kann sich eine pluralistische Gesellschaft entwickeln.

Speziellsein bedeutet für mich nicht, dass wir über allem stehen, alles nach Herzenslust geniessen und für uns nutzen dürfen. Auch nicht die Interessen Einzelner oder von Gruppen dürfen im Mittelpunkt stehen. Für die Entwicklung der menschlichen Gemeinschaft zählt allein das Gemeinwohl.

Menschsein bedeutet auch mit allem anderen Leben das Wissen zu teilen und diesem hilfreich beizustehen sowie ehrlich zu sein in Worten und in Taten.

Ein jeder soll nach seinen Fähigkeiten ein selbstbestimmtes Leben führen können.

Deshalb haben Erziehung und Bildung für mich Priorität.

Verhaltensforscher gehen davon aus, dass wir neben der elterlichen Erziehung durch den Einfluss von Gruppen, Eliten und Vorbildern, geprägt werden. Doch am Ende ist jeder mit seinem Gewissen für sich selbst verantwortlich.

Das Leben und die damit verbundenen Möglichkeiten sind einmalig und kehren nie wieder. Allein aus diesem Grunde müssen wir unser Leben bewusst gestalten.

Es ist nur natürlich, dass wir auch nach materiellem Wohlstand streben. Aber beim Einfluss des Geldes verhält es sich wie mit dem Gift - allein die Menge macht's.

Ein oberflächlicher Lebensstil macht orientierungslos und - Geld ist nicht der Schlüssel zum Glück.

Das Wesen der Zeit

In meinen Augen handelt es sich beim Wesen der Zeit um das grösste ungelöste Rätsel.

Wissenschaftler fragen sich, ist Kausalität ein Produkt der Zeit, oder die Zeit ein Produkt der Kausalität? Ist Zeit ein Produkt der Existenz von Raum und Bewegung, oder existiert Bewegung nur aufgrund des Vorhandenseins der Zeit? Gibt es eine Gegenwart? Wenn ja, wie lange dauert sie? Ist sie nicht bereits wieder Vergangenheit, wenn wir sie wahrnehmen? Gibt es nur eine einzige, universell gültige Zeit, oder gibt es mehrere, und vergehen diese immer gleich schnell? Existiert dieses Phänomen überhaupt, das wir Zeit nennen, oder spielt es sich nur in unseren Köpfen ab?

Kurz - jeder Raum besteht aus mindestens drei Dimensionen: Länge, Breite und Höhe. Doch ohne die Zeit, welche man auch als vierte Dimension bezeichnet, wäre keine der anderen drei Dimensionen möglich.

Darum ist auch von der Raumzeit die Rede. Ohne die Zeit gäbe es keinen Raum und ohne Materie gäbe es keinen Grund zur Annahme der Existenz einer Zeit. Sie könnte sich nicht bemerkbar machen.

Nichts verstanden? Macht nichts!

Denn wir verstehen nur, was wir uns irgendwie vorstellen und auf unsere Sinne zurückzuführen können. Zeit können wir weder riechen, fühlen, noch sehen. Aber wenn wir uns damit beschäftigen, kommen wir zu dem Entschluss, dass sie existent sein muss.

Wie sehr ein paar Jahre unsere Welt verändern, damit werden wir täglich konfrontiert. Diese Tatsache fasziniert, denn alles ist vergänglich. Nie mehr wird es so sein, wie es einmal war und jeder Augenblick im Leben ist deshalb einmalig und kostbar.

Für das Verständnis der Zeit braucht es nicht allein einen wissenschaftlichen, sondern auch einen philosophischen Ansatz.

Das was wir Zeit nennen, könnte beispielsweise die transzendente göttliche Kraft sein, die das Universum beherrscht. Insofern könnte die Theologie der Versuch sein, das Wesen der Zeit auf andere Art und Weise zu erklären.

Das Phänomen Zeit ist wahrscheinlich auch für die Endlichkeit von Allem verantwortlich, denn nichts dauert ewig, alles hat einen Anfang und ein Ende. Ohne die Zeit gäbe es auch keine Veränderung, nichts wäre dynamisch, alles wäre statisch.

Es lohnt sich also, dem Wesen der Zeit nachzuspüren, um unsere Existenz und unsere Umwelt besser zu verstehen.

Für alle die enttäuscht sind, keine konkreten Antworten gefunden zu haben, gibt es dennoch eine Antwort:

Wir haben nur einen beschränkten Vorrat an Zeit und Zeit ist das, was wir daraus machen.

Religion und Kirche

Vor meiner Pensionierung bin ich Diskussionen über Religion und Kirche tunlichst ausgewichen. Aber im Rahmen meiner Reflexionen will ich mich nun damit befassen.

Jede Kultur hat ihre Religion. Aus naheliegenden Gründen befasse ich mich nur mit dem uns vertrauten Christentum, welches unsere abendländische Ethik, Moral und Kultur während Jahrhunderten prägte und durch die Institution Kirche verkörpert wird.

Obwohl es viele christliche Kirchen gibt, erwähne ich diese der Einfachheit halber stets in der Einzahl.

Rückblick

Nach meinem Verständnis hat Jesus Christus - auch Jesus von Nazareth, König der Juden genannt – den Menschen der damaligen Zeit für die Lebensführung ethisch-moralische Werte vermittelt. Er war charismatisch, revolutionär und mutig, weshalb er ans Kreuz geschlagen wurde.

Jesus Christus selbst gründete keine Kirche, von ihm gibt es auch keine schriftlichen Aufzeichnungen. Das Christentum, welches aus dem Judentum hervorging, entstand erst Jahre nach seinem Tode.

Seit den Zeiten der Aufklärung (1720-1800) nimmt die Kluft zwischen der Kirche und aufgeklärten Menschen zu. Die Kirche hat sich kaum verändert, während sich die Gesellschaft aufgrund des Zeitgeschehens kontinuierlich weiter entwickelt hat.

Als Antwort auf die Irrungen und Wirrungen der Kirche leitete Martin Luther (1483-1546) sowie andere Reformatoren die erste grosse Kirchenreform ein. Es entstanden die protestantische Kirche und später auch evangelikale Freikirchen. Eines aber haben alle gemeinsam – jede behauptet, die einzig wahre Kirche zu sein.

Denker der Aufklärung kritisierten die Institution Kirche. Sie wandten sich gegen ihren Reichtum, ihren Machtmissbrauch, aber auch gegen ihren Dogmatismus. Sie kritisierten auch andere überholte Denkweisen, stellten aber die Religion nicht grundsätzlich in Frage.

Eine Mehrheit der Kirchenmitglieder stimmt mit den Dogmen nicht mehr überein - bei genauerer Betrachtung sind sie Taufschein-Mitglieder.

In Westeuropa ist der Säkularisierungsprozess so weit fortgeschritten, dass es bereits mehr konfessionsfreie Menschen als Katholiken und Protestanten zusammen gibt.

Seit der Aufklärung versucht die Gesellschaft, das Vakuum, welches die Kirche hinterlässt, durch universell gültigen Humanismus zu füllen, wie es beispielsweise in der UNO-Menschenrechtserklärung zum Ausdruck kommt.

Leider setzen sich weder die Gesellschaft noch die Kirche für diese Werte entschieden ein. Es hat sich eine lasche Toleranz entwickelt, ein Beliebigkeitsdenken, dem alles gültig erscheint.

Der Mensch hat jedoch neben seiner Vernunft, durch deren Gebrauch die moderne Welt erst erbaut werden konnte, eine Glaubenssehnsucht, die seinem Gefühl entspringt. Diese Seite des Menschen fühlt sich in der Kirche nicht mehr zu Hause.

Hilfreich ist, den Ursachen nachzuspüren, welche die Gesellschaft verändert haben und noch immer verändern.

Mit der einsetzenden Industrialisierung im 19. Jahrhundert und als Folge des ersten

Weltkrieges beschleunigte sich der gesellschaftliche Wandel hin zu unserer modernen Gesellschaft.

Die Achse, um die sich alles dreht, ist die Industrialisierung, Urbanisierung und die Massenfabrikation. Die Maschinen und das, was sie produzieren, verändern nicht nur, womit Menschen Geld verdienen, sondern sie veränderten die Identität der Menschen selbst. Sie verändern ihre Horizonte und Möglichkeiten. Sie verändern die Persönlichkeit Europas und die Globalisierung verändert die Welt. Und wir befinden uns noch immer in der Geschichte der technologischen und wissenschaftlichen Beschleunigung.

Auf diese Entwicklungen hat die Kirche keine Antworten gegeben. Sie denkt und handelt nach wie vor in ihren alt hergebrachten Kategorien.

Religionsverständnis

Religion sollte keinen absolutistischen oder dogmatischen, sondern einen liberal-philosophischen Ansatz haben. Der selbständig denkende Mensch lässt sich geistig nicht einschränken. Und die Vorstellung, dass Religion von selbständigem Denken befreit, kann nur für einfache Gemüter gelten. Deshalb entscheiden die Menschen selbst, ob sie an ein jenseitiges Paradies, einen Teufel, eine Hölle oder an andere dogmatische Konstrukte glauben wollen.

Meines Erachtens sollte man sich von Gott kein Bild machen. Es genügt, dass man sich verbunden fühlt mit einer Gottheit, die allüberall als transzendente, alles Leben erhaltende Kraft wirkt.

Gott ist das Ewige in der Gegenwart des sterblichen Menschen.

Ich teile die Ansicht des Philosophen und Theologen Friedrich Schleiermacher's (1768-1834), der nur das als Religion gelten lässt, was man als Mensch, als Einzelner für sich täglich denkt und lebt. Schleiermacher fragt: Wo willst Du Gott suchen? In der Tiefe, über den Sternen – du wirst ihn nicht finden.

Suche ihn nur in dir selbst.

Glauben

Wie bereits erwähnt, hat jede Kultur ihre Religion. Historiker trennen deshalb den Begriff Glauben vom Begriff Religion.

Neurowissenschafter gehen davon aus, dass es für den Glauben eine Hirnregion gibt, so wie es eine solche für das Lesen und Schreiben gibt. Daraus schliesse ich, dass der Glaube persönlich gelebt werden sollte. Es braucht dazu nur Mut.

Das spirituelle Bedürfnis des Menschen ist universell und unabhängig von Zeit und Kultur. Aus dieser Überzeugung heraus vertrete ich die Ansicht, dass sich das wahre Leben weniger im Ringen um das materiell Notwendige denn im philosophischen Denken und im Glauben zeigt.

Mystiker vermuten denn auch das Göttliche im Menschen selbst.

Beten

Das spirituelle Bedürfnis zu Beten hängt mit dem Bedürfnis zu Glauben zusammen. Der Betende versucht, mit einer transzendenten, alles Leben erhaltenden höheren Kraft, in Verbindung zu treten.

Beten kann man auch als Meditation verstehen zur Lösung persönlicher Probleme.

Fazit

Faszination Leben

Unsere Gene und Erbanlagen machen uns zu einem einmaligen unverwechselbaren Individuum. Es liegt an uns das Beste daraus zu machen.

Möglichst früh sollten wir erkennen, dass man nur ein Leben hat und dass man sein Handeln nicht ungeschehen machen kann.

Die ethisch-moralischen Werte für eine sinnvolle Lebensführung sind vergleichbar dem Fundament eines Hauses, das tragend sein muss.

Tragende Elemente sind für mich die Familie, auf Zuwendung und emotionale Geborgenheit ausgerichtete Erziehung sowie umfassende Bildung nach dem Motto – nur am Bildungsrucksack trägt man nicht schwer.

Das Wesen der Zeit

Ich gehe davon aus, dass sich hinter dem Wesen der Zeit das Geheimnis unseres Daseins und unserer Umwelt verbirgt.

Mit Sicherheit wissen wir nur, dass Zeit existent ist. Möglicherweise ist sie die transzendente göttliche Kraft im Universum die für den ewigen Kreislauf von Werden und Vergehen verantwortlich ist.

Das Leben sollte möglichst spannend und abwechslungsreich sein. Dabei sollte ein jeder nach Möglichkeit nur das tun das er auch gerne tut und seinen Begabungen entspricht.

Religion und Kirche

Die Kirche befindet sich in einer Identitäts- und Existenzkrise.

Die Heilsversprechen auf ein jenseitiges Paradies sind für die Kirche zentral. Diese ihre vermeintliche Stärke ist gleichzeitig ihre Schwäche, denn alles auf Erden ist Menschenwerk und muss von Zeit zu Zeit neuen Erkenntnissen oder Gegebenheiten angepasst werden.

Manche Menschen glauben an die Dogmen, für selbständig Denkende sind sie eher Fiktion; sie möchten einfach ihren persönlichen Glauben leben.

In der über Jahrhunderte gewachsenen christlichen Ethik, Moral und Kultur ist viel Wichtiges und Richtiges zu finden - aber es braucht auch neues Denken.

Da es keine Gewissheiten auf ein Leben nach dem Tode gibt, sollte die Kirche allein das Prinzip Hoffnung auf ein jenseitiges Paradies vermitteln. Dies entspricht der Glaubenssehnsucht des Menschen.

Im Mittelpunkt der christlichen Botschaft sollte allein das Leben und Wirken von Jesus Christus stehen.

Es braucht eine Kirche, die primär auf unser diesseitiges Leben ausgerichtet ist. Die Kirche muss von Politik und Wirtschaft unabhängig, lebendig und streitbar sein. Sie muss für die christliche Ethik, Moral und Kultur einstehen, so wie es einst Jesus Christus tat.

Weiterhin braucht die Kirche zeitgemässe Führungsstrukturen. In den Reformprozess sind alle Kirchen-Mitglieder einzubeziehen, denn Alle sind Kirche.

Ich bin mir bewusst, dass eine Reform der christlichen Botschaft komplex ist, mit ungewissem Ausgang. Aber wie sagt es ein altes chinesisches Sprichwort:

Am Anfang jeder Veränderung steht der Glaube.

Meine Reflexionen schliesse ich mit dem eingangs zitierten Leitgedanken:

Jeder hat die Möglichkeit einen Teil der Welt zu verbessern - nämlich sich selbst.

Epilog

Für meine Nachkommen habe ich meine Reflexionen mit detaillierten biographischen Angaben verfasst und mit Familienbildern versehen.

In der Annahme, dass sich auch Andere für meine Reflexionen interessieren könnten, habe ich diese entsprechend überarbeitet.

Es würde mich freuen, wenn meine Gedanken zum vertieften Nachdenken anregen würden. Meinen Leserinnen und Lesern empfehle ich, die Faszination Leben auch aus ihrer Sicht zu reflektieren. Ich bin überzeugt, dass Alle mit neuen Einsichten belohnt werden.

Meine Tochter Sabine hat sich als Lektorin und Gestalterin meiner Reflexionen verdient gemacht. Dafür danke ich ihr ganz herzlich.

Inhaltsübersicht

5	Einführung
7	Biographisches
	7 Biographischer Abriss
	11 Geschichtlicher Abriss
13	Faszination Leben
	15 Unser Universum
	19 Wie wir entstanden
	20 Unser Gehirn
	22 Was das Menschsein ausmacht
25	Das Wesen der Zeit
29	Religion und Kirche
	30 Rückblick
	34 Religionsverständnis
	36 Glauben
	37 Beten
39	Fazit
	39 Faszination Leben
	40 Das Wesen der Zeit
	41 Religion und Kirche
45	Epilog